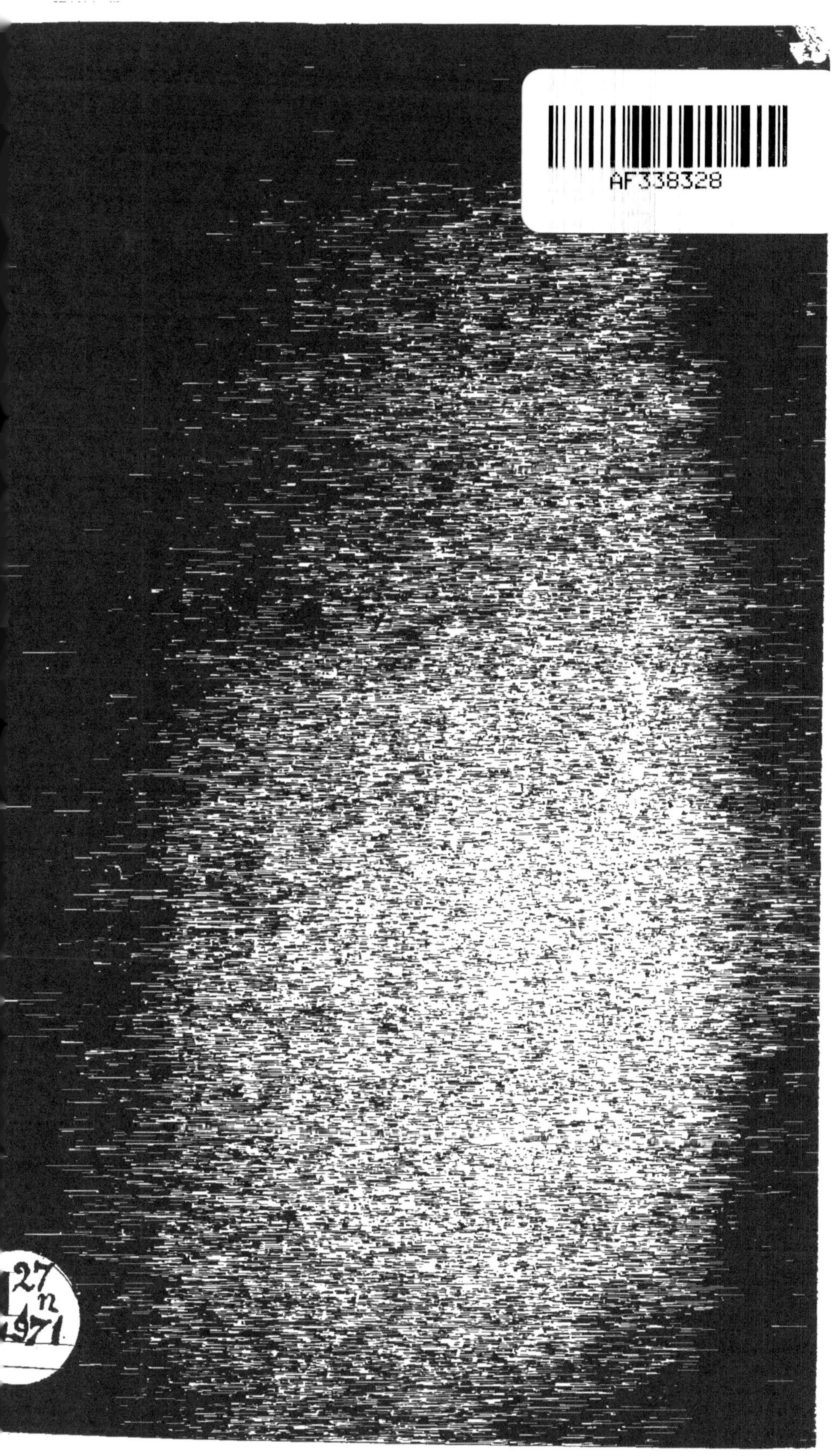
AF338328
27
n
1971

ESQUISSE

SUR

LA VIE ET LES TRAVAUX

DE

ARTHUR DE VIRY

DOCTEUR-MÉDECIN

PAR

M. AIMÉ VINGTRINIER

DIRECTEUR DE LA REVUE DU LYONNAIS,
MEMBRE DU COMITÉ D'HISTOIRE ET D'ARCHÉOLOGIE, DES SOCIÉTÉS LITTÉRAIRE
ET D'ÉDUCATION DE LYON, DE L'INSTITUT ÉGYPTIEN, DES ACADÉMIES
DE ROUEN ET D'ANVERS, DES SOCIÉTÉS D'HISTOIRE ET D'ARCHÉOLOGIE DE MAESTRICHT
ET DE CHALON-SUR-SAÔNE, D'ÉMULATION DE L'AIN,
DE LA SOCIÉTÉ FLORIMONTANE D'ANNECY,
ETC., ETC

LYON

IMPRIMERIE D'AIMÉ VINGTRINIER
RUE DE LA BELLE CORDIÈRE, 14

—

1869

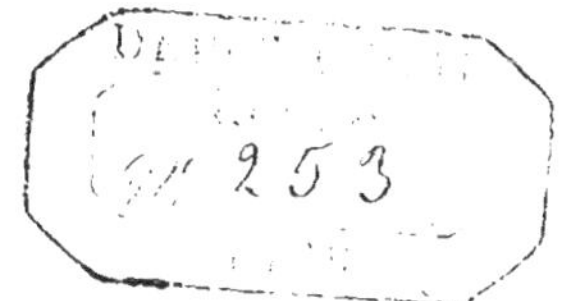
N° 253

ARTHUR DE VIRY

DOCTEUR-MÉDECIN

ESQUISSE SUR SA VIE ET SES TRAVAUX

Les Romains avaient la coutume touchante d'ériger leurs tombeaux le long des routes de l'Empire ; ils avaient ainsi continuellement sous leurs yeux le souvenir de leurs morts chéris, et les inscriptions qui rappelaient les vertus des défunts étaient pour les passants une leçon, un encouragement et un exemple.

Nous dont le cœur plus faible ne peut soutenir l'aspect austère et fortifiant de ceux qui nous ont aimés, nous qui reléguons dans des parcs soigneusement fermés ceux qui furent nos os et notre chair, nous n'avons pour honorer leur mémoire que le récit de ce qu'ils furent. Que du moins ce devoir ne leur manque pas, que leur vie, rappelée à une génération légère, soit une consolation pour la famille qui les pleure, un doux souvenir pour ceux qui les ont connus, mais surtout, et c'est ici notre but, qu'elle soit un modèle offert à la jeunesse afin qu'elle sache, au seuil de la vie, par quel sentier on parvient à la considération, à l'estime de tous et, par un enchaînement irrésistible, au bonheur.

La vie du docteur de Viry peut être présentée comme

un exemple d'autant plus parfait que rien, dans cette
carrière si bien remplie, ne sort de la voie commune,
rien ne s'y rencontre qu'on ne puisse imiter. Soixante
ans de vertus, voilà tout ce qu'elle offre à ses contem-
porains ; au récit du deuil immense qui couvrit la ville de
Roanne à la nouvelle de la mort de cet homme de bien,
il n'est pas de jeune homme au cœur haut placé, nous
l'espérons, qui ne se sente pris d'une noble pensée d'émulation et qui ne puisse, comme le vaillant docteur, obtenir
l'illustration, par le travail, la bonté et le dévouement,
simples vertus de tous les jours, à la portée de tous.

Jean-Baptiste-Arthur Arthaud de Viry, mort à Roanne
le 25 août 1868, était né à Saint-Germain-Laval (Loire)
le 26 septembre 1802, de Jean-Guy-Gabriel Arthaud de
Viry, écuyer, et de Antoinette-Blaisine-Aglaé Denis de
Cuzieu.

Sa famille était originaire du Forez et non de la pro-
vince d'Auvergne, comme le prétendent MM. d'Assier de
Valenches et Bouillet. On la trouve fixée à Saint-Germain-Laval dès la fin du XIVe siècle, comme en font foi
plusieurs titres des archives de la Loire. (Terriers, tes-
taments, provisions d'offices, etc.)

Au commencement du XVIIe siècle, à son nom patro-
nymique d'Arthaud, elle ajouta celui du fief de Viry, dans
la paroisse de Claveysolles en Beaujolais, qui lui advint
par le mariage de Françoise de Viry, dernière héritière
de cette maison, avec Antoine Arthaud, conseiller du roi
et son lieutenant particulier en la châtellenie royale de
Saint-Germain-Laval. M. le baron Ferdinand de la Roche
la Carelle, dans son Histoire du Beaujolais, a cru pouvoir
avancer que les fiefs de Viry et de Claveyson, après
avoir été occupés très-anciennement par une famille du
nom de Viry, étaient passés par alliance, au XVIe siècle, aux

Arthaud de Viry, et que ceux-ci à leur tour s'étaient
fondus, au xviɪᵉ siècle, dans la famille de Thy.

Il y a là une double erreur que le savant écrivain nous
permettra de relever, erreur de date, puisque ce n'est
point au xviᵉ siècle que la mutation du fief de Viry a eu
lieu des Viry anciens aux Arthaud de Viry, cette mutation ne s'étant opérée qu'entre 1620 et 1630, au plus
tôt ; erreur de fait et plus importante, en ce qu'elle nierait
l'existence à cette époque de la famille du docteur.

Sans doute, l'historien du Beaujolais ignorait que l'arbre
généalogique des Viry s'était partagé en deux branches,
l'une, apanagée du fief de ce nom, qui fut reconstituée par
les Arthaud de Viry encore existants, l'autre dotée du
fief de Claveyson, branche qui se fondit dans les de Thy
de Milly, en 1689.

Le docteur de Viry pouvait donc se glorifier à juste
titre d'être descendu par les femmes de ce Jacques de
Viry juge de Forez, qui, député aux Etats généraux de
Tours, en 1484, prononça un discours si élégant de forme
et si énergique de patriotisme et d'amour du pays que
le souvenir en est resté. C'est avec le plus juste orgueil
que les Thy et les Viry rappellent le nom de ce chef de
leur famille. Si noblesse oblige, comme le dit un jour si
fièrement le duc de Lévis, c'est à l'exemple de leur aïeul
que ces deux familles doivent certainement la ligne de
conduite qui leur a valu l'estime de leurs concitoyens.

Par sa mère, le docteur de Viry se rattachait à plusieurs
familles lyonnaises ; là encore il trouva des exemples de
dignité et de vertu.

Quel que fût cependant le respèct du docteur pour le
nom et la mémoire des chefs de sa maison, il considérait
avec raison l'antiquité et le rang d'une famille comme
peu de chose, quand ils ne sont pas soutenus et rehaussés

par le mérite personnel des descendants, et il chercha
toujours plus à valoir par lui-même que par le souvenir
de ceux dont il était descendu.

Bien lui en prit d'ailleurs d'avoir une intelligence
d'élite et une âme fortement trempée ; à peine avait-il
commencé de brillantes études au collége de Roanne, après
s'être bercé de toutes les illusions de la jeunesse, au
moment où il mettait le pied sur le seuil de la vie et
avant même d'avoir entrevu les séductions du monde et
de la société, il fut frappé d'un de ces coups qui renver-
sent, qui parfois tuent, mais dont, dans tous les cas, on
est long à se relever et à se guérir.

Son père mourut en 1815, après avoir vu l'anéantis-
sement d'une grande et belle fortune. Ce qui restait d'un
magnifique patrimoine fut vendu judiciairement, et le
pauvre jeune homme, le pauvre enfant, dirions-nous, se
vit rejeté au bas de l'échelle sociale, quand il se croyait
à jamais fixé dans un rang heureux et envié.

Il ne lui restait rien, rien que l'appui de la Providence,
sa foi en l'avenir, son courage ardent et tenace, et par
surcroît, précieux trésor dans sa détresse, l'affection d'un
vieil oncle de son père, le docteur Jean-Baptiste de Viry,
qui sut lui inspirer par ses conseils et ses exemples l'a-
mour du travail sérieux, le dévouement à la science, et
un vif enthousiasme pour l'art médical dans lequel il
devait trouver tant de consolations, de jouissances et
avec l'aide de qui, durant quarante ans, il devait faire
tant de bien.

Sa mère, que le goût du monde avait attirée à Paris,
ne tarda pas à y nouer de nouveaux liens en épousant un
cousin de son premier mari, M. André de Viry, officier
de cavalerie dans la garde royale. Cette situation délicate
ne changea rien à l'affection et au respect du fils pour la

mère, mais il en résulta nécessairement un peu d'abandon de la part de celle qui, se trouvant entourée d'une nouvelle famille, devait à ses jeunes enfants son amour et ses soins maternels.

M. de Viry resta auprès de son grand-oncle qui dirigea son éducation avec sollicitude et tendresse. Ce fut lui qui lui fit entrevoir les avantages d'une position libre et indépendante et qui l'encouragea fortement à suivre la carrière médicale alors que sa mère cherchait à l'attirer dans l'armée où elle lui promettait les plus brillantes protections ; il préféra suivre les avis dictés par la raison et l'amitié, se voua entièrement à la profession de son bienfaiteur et regarda dès lors comme le devoir de sa vie de venir au plus tôt entourer de sa tendresse et de sa sollicitude le vieillard qui avait eu pitié de sa jeunesse délaissée et qui, à défaut de ceux qui lui avaient manqué, lui avait prodigué tant de soins paternels.

Viry vint donc à Lyon au commencement de 1823. La grande cité possédait à cette époque une pléiade de médecins célèbres. Le jeune Forézien eut pour professeurs Gensoul, Richard (de Nancy), Richard de Laprade, Janson, et profita si bien de leurs leçons que, le 15 septembre 1824, il était nommé chirurgien interne des hôpitaux. Le concours avait été brillant, il s'y distingua entre tous et obtint le numéro 2, ayant pour rivaux et adversaires Colrat, Munaret, Jourdan, Monin, dont les noms sont aujourd'hui l'orgueil de notre Ecole et de notre cité.

Dans cet emploi, son assiduité ne se ralentit pas et, le 7 novembre 1827, il mérita le prix d'émulation donné par le Conseil des hôpitaux.

C'est à cette époque à peu près qu'on peut placer son voyage à Montpellier, où il était allé entendre l'enseignement si renommé des Lordat, des Delpech et des Lallemand. Il y trouva encore vivant le souvenir de son grand-oncle, qui avait rempli pendant plusieurs années les fonctions de secrétaire de M. de la Mure.

Pendant son internat, il s'attacha aux travaux et à la personne d'un maître vénéré, M. le baron de Polinière, avec lequel il conserva plus tard des rapports suivis. M. de Polinière travaillait alors à son *Traité des émissions sanguines*. Le jeune élève mit à la disposition du professeur son ardeur pour l'étude et lui fournit une foule d'observations dont l'auteur eut la modestie et la loyauté de reconnaître ouvertement le mérite et l'importance, par une note qui fut pour le maître un acte de gratitude, pour l'élève un doux et précieux encouragement.

A Lyon il avait eu pour ami Beau, le savant et malheureux médecin de la Charité, que son caractère et son talent appelaient à une chaire de la Faculté, mais qui en fut éloigné par une influence que nous ne pouvons qualifier.

Un autre ami, fut Ribes, qui professa, non sans gloire, à la Faculté de Montpellier. Ce fut dans cette ville que, le 6 décembre 1828, Viry passa une thèse brillante, sous ce titre : *Considérations historiques, philosophiques et critiques sur cette question* : « Quelle peut être l'application de la théorie à l'art de guérir, considérée dans ses véritables fondements ? » Le doyen de l'Ecole, Lordat, était assisté des professeurs Lallemand, Anglada, Caïzergues, Delmas et autres que nous ne pouvons rappeler. Le succès du jeune docteur fut si grand, qu'en outre des félicitations qu'il lui adressa, Lordat lui fit les avances les plus flatteuses pour l'attacher à l'Ecole. C'était pour Viry la gloire et la fortune. Tout autre eût hésité, mais la voix austère du devoir

parlait plus haut que l'ambition. Le vieil oncle qui l'avait
élevé, qui l'avait aimé, commençait à être assailli par les
infirmités. Viry remercia et courut acquitter les dettes
de son cœur en se fixant, comme un fils soumis, aux côtés
de celui qui jadis lui avait témoigné la tendresse d'un
père.

La tentation si séduisante de Montpellier ne fut pas la
seule qui lui fut offerte. Plus captieuse, plus irrésistible
encore fut celle que fit briller, au nom de la médecine
lyonnaise, un autre homme que le docteur de Viry ché-
rissait. Son ancien maître, son ami, le baron de Polinière
fit les plus ardents efforts pour l'attirer à Lyon ; il lui fit
valoir la place imminente qui l'y attendait, les souvenirs
d'amitié qu'il y avait laissés, la proximité de Roanne, la
certitude d'une alliance honorable, l'espoir d'une clien-
tèle nombreuse, la probabilité d'une fortune à combler
ses désirs ; rien ne put le tenter, rien ne put l'entraîner
et, ferme dans son poste modeste, heureux du sacrifice
qu'il faisait, il voua joyeusement sa vie, son dévouement,
ses soins à celui dont il voulait à tout prix charmer les
derniers jours.

En 1834, il avait la douce consolation de lui fermer les
yeux ; et la bénédiction du vieillard, la pensée d'un devoir
accompli, les félicitations intimes de sa conscience le
récompensèrent largement de tous les avantages qu'il
avait refusés.

En 1832, il avait été porté au Conseil d'hygiène et nommé médecin des épidémies ; il fut dès lors désigné, par
l'autorité, ses confrères et ses concitoyens, à tous les
postes où il fallait un savant, un administrateur, un homme
dévoué. En 1835, il fut nommé, avec un empressement
unanime, médecin de l'hospice de Roanne, en 1839, membre du bureau de bienfaisance, en 1843, conseiller muni-

cipal, en 1844, membre du conseil d'administration et médecin du collége de Roanne, en 1853, par arrêté du 10 décembre, il fut nommé archiviste bibliothécaire de la Ville, et c'est sous sa direction que le catalogue de cette bibliothèque , si négligé jusqu'alors , fut dressé par M. Augagneur, le zélé bibliothécaire actuel. Ce catalogue est précédé d'une notice historique due à la plume compétente et universelle du docteur de Viry.

Il était en effet très-versé dans la bibliographie et connaissait les ouvrages anciens et modernes ; sans attacher trop d'importance aux reliures et aux raretés, bijoux parfois inutiles, il aimait les bonnes éditions et savait les choisir ; il aimait surtout les livres pour le mérite des auteurs, pour la substance de l'écrit, et peu d'ouvrages sortaient de ses mains sans être analysés, commentés , chargés d'observations , de remarques et d'annotations ; il avait traduit les passages les plus importants des auteurs latins et les connaissait d'une manière approfondie ; c'est dire que sa bibliothèque était pour lui un sanctuaire, un lieu de repos, une oasis dans laquelle il oubliait les labeurs quotidiens, où il retrempait son esprit, fortifiait son âme et d'où il sortait plus dispos pour le combat de la vie.

Ses goûts le portaient en particulier à étudier avec passion la psychologie, cette branche des sciences philosophiques qui a tant d'intimes connexions avec la médecine. Il voulait connaître tous les systèmes et il les examinait sans prévention. Ses principes religieux et moraux l'éloignèrent des écueils et des dangers de ce matérialisme brutal que professe l'Ecole moderne de Paris. Ses doctrines philosophiques avaient plus d'affinité avec celles de Montpellier, quoiqu'il n'acceptât pas toutes les idées de Barthez et de Lordat. Il avait corrigé ce qu'elles ont de suranné en les adaptant au génie de notre temps. En définitive, il sut se tenir à l'abri des erreurs de la philosophie des Aug. Comte et consorts, et il a montré sur son lit de mort que la véritable science, loin d'altérer la foi catholique, ne fait que l'affermir et la raviver.

Il a laissé sur ces sujets des notes pleines d'originalité, que sa famille conserve et que nous désirerions vivement voir publier un jour.

La médecine proprement dite ne fut pas négligée dans cette existence laborieuse ; il faisait tout converger vers un but humanitaire et pratique. S'il n'a pas inscrit son nom sur quelque œuvre de longue haleine, s'il n'a pas érigé de monument comme il eût été si capable de le faire, c'est qu'il se consacrait tout entier à une pratique laborieuse et active, à une clientelle étendue et nombreuse et que les départements voisins eux-mêmes se disputaient ses lumières, son expérience et son savoir.

Néanmoins , en empiétant sur le temps réservé au repos, il savait mettre à profit ses vastes connaissances. Il a écrit une quantité considérable de mémoires, de monographies, d'esquisses médicales, d'observations thérapeutiques, dont la publicité serait un bienfait.

A défaut de livres, on a de lui :

Notice historique sur J. B. Arthaud de Viry. 1834, in-8.

Examen critique d'un ouvrage homœopathique intitulé : La Médecine jugée par les médecins, 1842.

Rapport sur l'établissement gymnastique du Collége de Roanne, 1847. — On voit dans d'autres mémoires, restés manuscrits et notamment dans un travail qui fut présenté au conseil municipal, en 1851, la preuve de la participation active que M. de Viry avait prise au changement qui alors s'opéra dans la direction du collége.

La question des inondations de la Loire. 1847.

Mémoire présenté à la Commission municipale sur les intérêts de la ville de Roanne qui se rattachent au maintien du chemin de fer sur la rive droite de la Loire. Novembre 1853. — Ce rapport, approuvé par la Commission, a eu l'honneur d'être présenté par elle à MM. les ministres.

A l'époque de l'inondation, il donna au *Conciliateur* une suite d'articles sur les précautions hygiéniques à suivre pour combattre l'influence du fléau sur la santé publique. Ces conseils révèlent tout ce que sa pratique avait de prudent et de sûr.

Outre ces brochures et les articles qu'il donnait aux journaux, il avait prononcé sur la tombe de plusieurs de ses collègues des discours qui furent reproduits. MM. Gonindard, Gubian, Imbert, avaient été loués par lui avec cette éloquence qui sait mettre le cœur au service de l'esprit. En 1855, il avait rendu le même devoir à un de ses parents, M. le vicomte de Becdelièvre, artiste distingué, dont la généreuse initiative avait créé au Puy un musée riche et intéressant.

Dans toutes les branches de l'administration il payait de sa personne. En 1848, il avait cédé aux vœux de ses concitoyens en acceptant le grade de capitaine de la garde nationale, poste difficile, si on se souvient des passions qui grondaient de toutes parts. En 1862, il était nommé administrateur et médecin des prisons. « Et comme si ce n'était pas assez de ces lourdes charges, dit M. le docteur Coutaret dans le discours prononcé par lui sur sa tombe, M. de Viry était encore membre du conseil de fabrique de Notre-Dame-des-Victoires, et administrateur de la Caisse d'épargne. »

Et partout, et toujours il payait de sa personne. Rapporteur dans toutes les Commissions, chargé des missions les plus difficiles, partout et toujours il mettait au service de la chose publique sa conscience droite, son intelligence et la plus énergique activité.

On reproche parfois au marin habitué à lutter contre l'Océan et perpétuellement aux prises avec l'immensité et l'inconnu, une attitude austère, une parole concise et brève, un abord rude, qui cachent le plus souvent un cœur apte à toutes les tendresses, tel était à peu près le docteur de Viry au milieu des préoccupations qui assiégeaient sa pensée ; mais au lit du malade, mais au sein de sa famille, la rude écorce disparaissait ; la délicatesse de sentiment éclatait de toutes parts, le pauvre était consolé, la confiance, la joie, l'intimité, l'affection renaissaient dans tous leurs charmes, et le sévère docteur, béni et adoré, quittant son masque, apparaissait transfiguré dans une auréole de patience, de bienveillance et de bonté.

Un jour, en plein public, sa forte nature, son énergique austérité subirent un rude échec. Le docteur Coutaret, dans le discours que nous avons cité, raconte le fait d'une manière touchante :

« C'était en 1852 ; le Prince Président traversait Roanne et les autorités étaient allées lui présenter leurs hommages. Viry, au milieu d'elles, était, à la sous-préfecture, perdu dans la foule. On l'appelle, on le présente au chef de l'État ; il s'avance, tremblant, confus de cet honneur.

« Les dames de l'hospice, dit le Président de la République, sont venues me demander pour vous la croix de la Légion d'honneur, portez-la dès ce jour ; elle est une récompense méritée de vos longs services.

« Est-ce assez touchant, ajoute M. Coutaret, est-ce

assez touchant, cet échange de sentiments délicats et de
mutuelle estime ? Un homme est jugé quand il a su inspirer un aussi grand attachement à des Dames qui ont
vécu pendant tant d'années de sa vie de médecin et ont
été chaque jour témoin de sa pratique hospitalière. »

Ce fut au milieu de tous les bonheurs de sa famille, en
pleine force, à 66 ans à peine, qu'une mort imprévue l'a
frappé. Il venait de marier son fils, dont la vive félicité
le rendait heureux. Quand la maladie l'atteignit, avec le
coup d'œil d'un praticien consommé, il jugea, dès le premier jour, son mal sans remède. Il n'avait pensé que
trop juste.

Sa mort fut véritablement une calamité. La ville de
Roanne prit le deuil. Les riches regrettaient le savant,
l'ami dévoué, l'homme de bien, l'administrateur, l'homme
utile ; les pauvres pleuraient l'homme bienfaisant, et son
éloge se trouva ainsi dans tous les cœurs. Les journaux
en annonçant cette nouvelle remplirent leurs colonnes
des regrets de la population ; la foule suivit le cercueil,
émue, silencieuse, consternée; tous les honneurs lui furent
rendus, mais le plus touchant des hommages, ce fut les
larmes qu'on versa à ces paroles de son panégyriste et
son ami :

« Je l'ai vu sur son lit de souffrance, entouré de ses
parents désolés, de sa femme et de ses enfants, s'oubliant
lui-même pour penser à chacun d'eux, leur prodiguer des
consolations, modérer les élans de leur sollicitude, et,
dominant les frissons de la dernière heure, leur imposer
tour à tour un repos nécessaire pour continuer des soins
que les personnes étrangères étaient incapables de don-
ner. Ce n'était point de l'affection, c'était un culte que les
siens lui avaient voué. Pauvre femme ! Pauvre mère !
Vous pleurez sans espoir ! Pleurez encore pour soulager

votre cœur ! Puissent ces paroles adoucir votre douleur, vous qui avez été sa compagne dévouée ! »

« Je ne peux pas vous consoler, Octave ; vous êtes son fils et l'héritier de ses vertus..... »

Nous ne dirons point comme le poète :

Animus meminisse horret.

Nous aimons à nous souvenir, à garder au fond de notre cœur la mémoire de ceux qui ne sont plus, à leur élever dans le sanctuaire de notre âme un autel qui porte leur image, et nous avons une orgueilleuse satisfaction, quand cette image est pure, fière, digne de la vénération de tous comme celle du docteur de Viry.

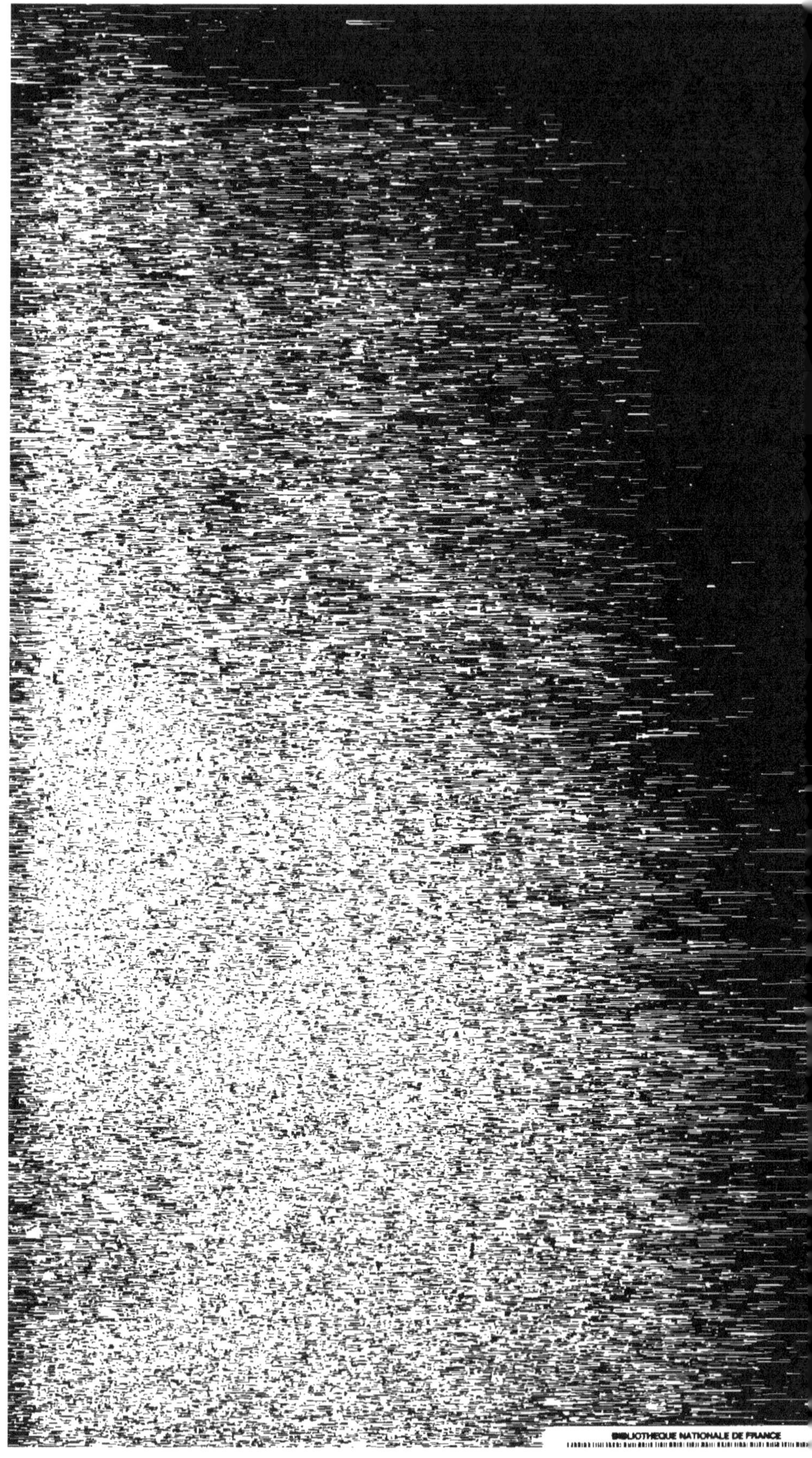
BIBLIOTHEQUE NATIONALE DE FRANCE

www.ingramcontent.com/pod-product-compliance
Lightning Source LLC
Chambersburg PA
CBHW061712050726
47598CB00004B/1806